AF467880

RÉPONSE

D'ETIENNE LAVEAUX

AU CITOYEN

VIENOT VAUBLANC.

REPONSE

D'ÉTIENNE LAVEAUX,

GÉNÉRAL DE DIVISION,

EX-GOUVERNEUR

DE St-DOMINGUE.

Aux calomnies que le citoyen VIENOT VAUBLANC, *colon de St. Domingue et membre du Conseil des Cinq Cents, s'est permis de mettre dans son discours prononcé dans la séance du 10. Prairial dernier.*

ELOIGNÉ de plus de 100 lieues de la Capitale, ce n'est qu'aujourd'hui que j'ai eu connoissance du discours du citoyen Vaublanc sur une grande Colonie qui m'a été confiée pendant les trois années les plus orageuses de la révolution. Le chef-dœuvre de cet orateur a fixé mon attention par toutes les calomnies qui lui servent d'échafaudage, et j'ai facilement reconnu dans cet édifice artificieux l'esprit sublime qui en anime l'architecte.

Je demande, au Corps législatif et à tous les républicains, s'il est permis à un législateur d'être *un vil calomniateur* et de s'attacher à détruire la réputation d'un citoyen ? je demande à tous les hommes vertueux s'il est permis au cit. Vaublanc de se couvrir du manteau précieux qui le rend en ce moment inviolable, pour, en trompant les représentans du peuple, déchirer l'honneur d'un militaire qui a fait ses efforts pour être utile à sa patrie ?

Si la grande affaire des Colonies n'intéressoit pas le commerce, le gouvernement, la France entière, si l'estime de mes concitoyens ne m'étoit pas précieuse, si je n'étois pas jaloux de déchirer le voile noir qu'il a plu au cit. Vaublanc de jetter sur mon administration de St.-Domingue, si enfin cet orateur n'étoit pas revêtu du titre sacré de représentant du peuple, je me bornerois à vouer au plus grand mépris ses diatribes.

Tous ces puissans motifs me déterminent à suivre la série des calomnies du cit. Vaublanc, à y répondre, et à prouver qu'il a souillé la tribune où il a prononcé son discours.

Ier. *Mensonge du cit. Vaublanc.*

Au 3e. paragraphe de la page 3e de son discours, il dit : " C'est la constance du gouvernement à cacher toujours l'état de St.-Domingue, c'est son acharnement à peindre cette Colonie dans une situation heureuse.... etc.

L'orateur Vaublanc ne doit pas ignorer que dès 1791, (1) toutes les sucreries et autres habitations étoient totalement rasées et détruites; que toutes les cannes à sucre et les autres plantations étoient ravagées. Il ne peut nier aussi que sur ces manufactures, il n'y avoit ni mulets, ni autres animaux pour les exploiter. Eh bien! quand le Directoire a envoyé des messages au Corps législatif, il a dû peindre la Colonie dans une situation plus heureuse, puisqu'à l'époque du 4 Thermidor de l'an IV, l'ordonnateur Perroud et moi avions fait établir 91 sucreries dans la dépendance du Cap, et beaucoup d'autres propriétés dans les autres quartiers; que toutes les manufactures rétablies donnoient des revenus, qu'à

(1) *Je ne suis arrivé à St.-Domingue qu'en septembre 1792.*

cette même date il y avoit dans les Savannes de ces sucreries, et pour leur usage, 1673, mulets, 983 bœufs de cabroucts, 467 vaches, 176 bouvards et 159 gazelles, achetés par l'ordonnateur Perroud, si les officiers et soldats eussent été moins animés de voir rétablir la Colonie, n'auroient-ils pas préféré une jouissance à la vérité momentannée, en sollicitant des appointemens beaucoup arrièrés.

Le cit. Vaublanc a donc trompé le Corps législatif sur cet objet, il suffit pour s'en convaincre; de voir les états détaillés qui sont dans le mémoire de l'ordonnateur Perroud page 188, et suivantes.

IIe. *Mensonge du cit. Vaublanc.*

l'Orateur Vaublanc n'a pas plus réfléchi lorsqu'il dit page 4 de son discours, en s'adressant au Conseil des cinq cents: " Nous
„ ne cesserons d'invoquer votre justice, de
„ reveiller votre sollicitude, d'éclairer le Di-
„ rectoire, de surveiller le ministre de la
„ Marine, jusqu'à ce que nous voyons naître
„ enfin l'aurore du rétablissement de la mal-
„ heureuse Colonie de St.-Domingue. etc.

D'après ce paragraphe du discours du cit. Vaublanc, tous ceux qui ne connoissent point l'état actuel de St.-Dominge, ne pourroient imaginer que tout le tems que les rênes de l'administration de cette Colonie ont été confiées à l'ordonnateur Perroud et à moi, ait été employé à réparer et à rétablir les habitations qui avoient été la proie des flames et des autres fléaux; on seroit au contraire forcé à croire que nous y avons entretenu le désordre, le pillage, et la ruine de cette partie intégrante de la république.

Si l'orateur Vaublanc n'avoit consulté que la vérité, (ce qui lui étoit très-facile d'après toutes les pièces qu'il avoit sur St.-Domingue) il auroit dit, en législateur impartial, que dès le 12 janvier 1794, (v. st.) je m'étoits fortement occupé du rétablissement de la culture et de la prospérité des quartiers qui étoient restés fideles à la rèpublique, en forçant, par un réglement genéral pour les travaux agricoles, tous les cultivateurs à retourner sur les habitations de leurs ci-devant propriétaires, et à y travailler conformément aux articles de ce réglement : il auroit dit que pendant l'an III, les sucreries nouvelles rétablies par l'administration de Laveaux et Perroud avoient déja donné avec le petit nombre des premiers, 1,347,483 livres de sucre, et 19,252 velts de sirop; il auroit ajouté que l'administration avoit mis sur ces manufactures 1238, mulets pour leur exploitation et que beaucoup d'autres sucreries se rétablissoient à cette époque.

Si le cit. Vaublanc n'eut pas jugé nécessaire d'entrer dans ces détails, il n'auroit pu dire aussi que *l'aurore du rétablissement de St.-Domingue n'avoit point encore paru.*

L'assertion de cet orateur est donc encore un mensonge prouvé par l'existence des faits, comme on peut le voir dans le mémoire de l'ordonnateur Perroud, page 93, et 218.

La cause des agents du gouvernement qui sont à St.-Domingue n'étant point la mienne, je ne me permettrai que deux réflexions sur un autre paragraphe du discours du cit. Vaublanc; paragraphe qu'il dit avoir puisé dans une lettre du général Rochambeau au ministre de la Marine et des Colonies. A la page 8, il s'exprime ainsi : " Aujourd'hui les re-
„ venus ne peuvent suffire à peine à mal nour-
„ rir les troupes qui y sont en garnison;
„ ces même troupes n'y sont point vêtues et
„ ne reçoivent même pas le quart de leur
„ solde. Je crois pouvoir assurer que ces trou-
„ pes qui sont Européennes ne montent pas
„ à 400, hommes.

Ma première réflexion se porte sur la solde, la nourriture, l'habillement des troupes.

Dès le mois de janvier 1794, nous avons donné le prêt aux soldats Européens depuis 7 jusques à 15 sols par jour. Les officiers des bataillons d'Europe et des compagnies franches ont reçu depuis 66 jusques à 99 liv. d'acompte tous les mois, sans égard aux marchandises qui leur ont été délivrées aussi à compte, des magasins de l'État. Les soldats ont été aussi bien nourris et vêtus que les ressources de l'administration l'ont permis; ainsi les troupes ont été beaucoup mieux que l'on veut le faire croire.

Le général Rochambeau a-t-il voulu parler du moment où il a écrit, ou depuis les malheurs du Cap? ce qui est certain, c'est qu'à la datte du 1er Frimaire an IV, les troupes Européennes de la partie du Nord avoient déja touché une somme de 1,195,771 liv. 4 s. 2 d. de l'administration Perroud, et qu'elles n'ont cessé d'être payées pendant qu'il étoit ordonnateur.

Ma seconde réflexion se fixe sur le nombre de 400 hommes auquel le cit. Vaublanc fait monter les troupes Européennes.

J'ai sous les yeux la correspondance du général Rochambeau, et je n'y vois pas que ce militaire fasse monter ces troupes à aucun nombre; il commettroit d'ailleurs une très-grande erreur, puisqu'au Port-de-Paix seulement tout est presque troupe européenne, et que cette place ne peut être défendue que par 1200, ou 1600, hommes bien aguerris. Dans tous les cas, le géneral Rochambeau se seroit bien gardé d'indiquer à l'ennemi de la république, la force-armée européenne qui est dans le nord de St.-Domingue, comme l'orateur Vaublanc *a la sagesse* de le faire dans son discours au Conseil des cinq cents.

Combien d'autres réflexions tout bon républicain, tout citoyen qui aime sa patrie doit faire en lisant le discours du cit. Vaublanc; si cet orateur étoit dépouillé du caractère de représentant du Peuple, on ne pourroit s'empêcher de penser que semblable à beaucoup d'hommes qui sont ennemis de la constitution françoise et parconséquent de la liberté des peuples, il veuille servir chaudement la cause des royalistes et des émigrés colons, qui de tout tems ont travaillé à détacher St-Domingue de la France.

Comment l'orateur Vaublanc peut-il avoir l'impolitique, l'imprudence, l'injustice même de confondre les noirs qui ont défendu, rétabli et sauvé la Colonie et les bons citoyens qui y restent, avec les révoltés et les émigrés que le gouvernement anglois soudoye pour détruire absolument nos Colonies et notre commerce maritime? Le cit. Vaublanc ne sait-il pas que tout ce qui s'écrit et s'imprime en France, sur cette partie précieuse, est porté promptement aux noirs crédules et faciles à tromper, et que les ennemis de leur bonheur, de celui de tous les habitans, et à de cette Colonie, leur interprétant la moindre motion isolée comme une loi, renouvellent les troubles et les déchiremens qui sont si utiles aux entreprises des Anglois.

Je ne veux rapporter ici que quelques paragraphes du discours du cit. Vaublanc, pour donner une idée du poison subtil que son rapport va porter dans l'ame de tous les noirs républicains, jusqu'à ce que, parfaitement instruits, ils puissent être convaincus que dans les Conseils des anciens et des cinq cents, il est des législateurs qui savent défendre avec énergie leur sublime cause, et que le Corps législatif n'a pas le pouvoir de détacher de la constitution les articles qui assurent à jamais le bonheur de nos Colonies... *la liberté*.

A la page 9 du discours du cit. Vaublanc il est dit : " Les négres abandonnent par-tout „ la culture ; leur cri actuel est que le pays leur „ appartient, qu'ils ne veulent pas y voir un „ seul blanc ; en même tems qu'ils jurent aux „ blancs, c'est à dire aux vrais François, (l'o- „ rateur fait sans doute une différence de ré- „ publicains à vrais François) une ame féroce, „ ils se font, entre eux, une guerre cruelle ; „ alternativement tirans et victimes ils outra- „ gent les plus doux sentiments de la nature, „ ils renoncent à la plus douce affection. etc.

Pourquoi donc le cit. Vaublanc applique-t-il à tous les noirs, à tous les cultivateurs paisibles et républicains, ce qui n'appartient qu'aux insurgés qui servent sous les drapeaux anglois et qui sont conduits et dirigés par des émigrés Colons qu'ils ont pour chefs. (1)

Je demanderai encore à l'orateur Vaublanc, s'il étoit sage et prudent, comme législateur,

(1) Dugrés, Dessource, Blin de Villeve, Busson, Bruge, Rouvraye, Cocherel etc. etc. Pigué Montignac. J'ai entre mes mains une lettre où il m'offre sa protection auprès du roi d'Angleterre ; au surplus voyez l'almanach de 1796, que les Anglois ont eu la bonté de faire imprimer pour faire connoitre ces héros précieux à la France.

de rendre public, de livrer à l'impression une partie de la correspondance des agens du gouvernement à St-Domingue? si cette publicité n'est pas pour servir et donner de nouvelles armes aux ennemis de la France. On ne peut supposer de mauvaises intentions à un législateur qui ne doit être dirigé que par l'amour de la chose publique; mais on est fondé, je crois, à demander à ce rapporteur pourquoi il n'a pas voulu profiter de la leçon très-sage que le représentant du Peuple *Marec* lui avoit donnée dans cette grande et sérieuse affaire.

A la page 13, du même discours, on trouve un autre paragraphe où le cit. Vaublanc dit au Conseil des cinq cents: " Vous le voyez, „ représentans, le systême des nouveuax libres „ est de massacrer les François, et l'on ose „ nous dire qu'il faut rassurer *ces brigans* „ *sur leur liberté. etc.*

Que pourra penser le peuple de St-Domingue quand il lira ou entendra lire ce paragraphe?.. à quelles extrémités ne pourront pas se porter ces républicains qui *préferent la mort à l'esclavage*? qui vous a assuré, cit. Vaublanc, que les anglois et les émigrés ne profiteront pas promptement des grands avantages que vous leur donnez dans la tribune nationale, et qu'ils ne fabriqueront point un faux décret qui paroîtra détruire celui qui a rendu la liberté à tous les hommes des Colonies? comment ne veut-on pas que les noirs ajoutent foi à ces manœuvres perfides, quand ils sauront encore que le Ministre, défenseur courageux de leur liberté, et leur organe auprès du gouvernement, est invectivé chaque jour par les ennemis jurés de leur état politique? et ne doit-on pas craindre enfin que les plus grands malheurs ne soient encore à St-Domingue le résultat du désespoir d'un peuple qui se croiroit trompé par la France?

Quelle impression n'éprouvera point le général Toussaint Louverture quand il lira le discours du cit. Vaublanc page 14 et 15, et qu'il y verra que ce législateur, dans la tribune, s'étaye fortement de plusieurs lettres, et particulièrement de celles du général Mirdonday pour prouver, *que les chefs noirs s'entendent avec les révoltés*, et que lui Toussaint s'y verra peint comme le plus puissant de ces révoltés, *s'emparant des villes, des munitions, et dictant des Lois à la commission du gouvernement.*

N'est-ce pas vouloir perdre totalement St-Domingue que de calomnier des chefs qui, dans les plus grandes commotions et les plus grands dangers, ont sauvé cette Colonie et les citoyens qui y restent ?

Comment l'homme sage, le législateur impartial peut-il ouvrir une vaste carrière aux intrigues, aux intérêts particuliers, et à des considérations toujours dangereuses dans un bon gouvernement? comment peut-il aussi se refuser à croire que la vertu peut résider dans les hommes de toutes les couleurs?

Lisez, cit. Vaublanc, ce que je dis du général Toussaint, dans mon mémoire fol. 35, 38, 40, 41, 44, 45, 48, 53, 59, 65, 88, 89, et autres; voyez également la justice, que l'ordonnateur Perroud lui rend dans son ouvrage sur St-Domingue, fol. 208, et suivans, et vous apprendrez à l'estimer.

Cet homme incompréhensible, par toutes les vertus qu'il professe, resserre les Anglois de très-près dans l'Ouest de St-Domingue, sur un cordon de plus de 30 lieues; il protège fortement tous les bons citoyens; dans son Département, l'agriculture est dans une belle latitude, et ce chef ayant l'attachement de tous les noirs, peut sans efforts mettre cent mille hommes sous les armes. Voilà cependant celui que justement la nation a recompensé, et qui, dans la tribune nationale, est représenté comme un chef de révoltés!

Pour être succint, je passe aux calomnies que le cit. Vaublanc a lancées contre moi.

Je lis à la page 17, " le général Laveaux
" dont la conduite a le plus contribué à donner aux nègres l'esprit d'insubordination et
" de licence, et dont les proclamations et les
" lettres farcies de passages des vieux et nouveau testaments, annoncent un homme qui
" employe tous les moyens pour dominer etc.

Je m'estime très-heureux, cit. Vaublanc, d'avoir réussi à réunir sous les drapeaux de la république, uue grande partie des noirs insurgés, les fixer aux traveaux agricoles, et à rétablir l'ordre dans toutes les branches administratives de St-Domingue, sans force coercitive, et quand la France ne pouvoit s'occuper de ses Colonies. J'ai bien connu le prix des moyens que j'employois pour sauver les Antilles quand, dans la plus grande pénurie et sous le tems le plus orageux de la révolution, j'ai pu non seulement conserver intacts les quartiers qui étoient sous mon commandement, mais encore arracher des mains Espagnoles, Angloises, et des colons émigrés, un grand nombre de paroisses qui s'étoient coali-

sées

sées pour combattre et chasser de St-Domin-*les vrais François*, *les vrais républicains*, et charger de chaînes les hommes que la France avoit rendus libres.

Il m'a été infiniment agréable quand, par la persuasion seule, j'ai pu avoir assez d'empire sur l'esprit inquiet de l'homme noir pour détruire, dans tous les quartiers soumis à la république, les foyers d'insurrection que les ennemis de la Colonie y entretenoient; quand avec des réglements et des lettres seulement, j'ai pu, autant que les circonstances l'ont permis, maintenir l'ordre, faire respecter les propriétaires et les propriétés, et rétablir les habitations qui étant en cendres, n'offroient à la république et à leurs propriétaires que des monceaux de décombres.

Vous serez forcé de convenir avec moi, cit. Vaublanc, que les moyens que j'ai employés et que vous me reprochez ont cicatrisé une partie des plaies de St-Domingue, et que votre discours sur cette Colonie, pourra rouvrir les anciennes, en faire de nouvelles, et que si ce rapport ne contenoit, comme mes réglemens et proclamations, que des paroles de vérité, je ne me trouverois pas en ce moment, dans la dure nécessité de montrer à tous les républicains, à la France entière que vous avez, devant le Conseil des cinq cents, joué le rôle *d'un vil calomniateur*.

Ce que j'ai dit du parti d'homme de couleur qui n'aime que la liberté dont il jouit, ce que j'ai écrit sur ceux qui ont voulu faire perdre à la France la Colonie de St-Domingue, je suis prêt à le réver. Je démasquerai tant que je le pourrai tous les ennemis qui, sous telles formes qu'ils soient, veulent déchirer la république et la constitution.

Voici l'endroit, cit. Vaublanc, où, essayant de paroître animé de la chose publique, vous ne faites que servir des passions que longtems vous avez concentrées dans votre ame exaltée; voici le moment où, ne pouvant plus retenir la haine que vous avez jurée aux défenseurs de la liberté de tous les peuples, vous vous livrez sans prudence aux sentimens qui vous agitent, et vos convulsions sont si vivez, qu'elles ont brisé le masque que vous aviez emprunté.

Ire. *Calomnie du cit. Vaublanc.*

A la page 20, de votre discours, vous dites :
„ Est-ce pour achever de l'exécuter (le sys-
„ tême complet d'expropriation des légitimes

„ propriétaires) que le Directoire se propose „ de renvoyer à St-Domingue, Laveaux qui a „ établi au Port-de-Paix, pendant qu'il com- „ mandoit seul dans cette Colonie, un tribunal „ révolutionnaire, dont l'accusateur Maulo „ étoit un de ces scélérats qui ne se plaisent „ qu'à répandre du sang.

Vous vous trompez, cit. Vaublanc, il n'a point existé de tribunal révolutionnaire au Port-de-Paix. Pour juger les délits militaires, il a été établi un tribunal militaire, et les autres délits étoient jugés par la justice civile.

Ce sont les commissaires Polverel et Santhonax qui ont créé le tribunal militaire.

Qu'on lise mes rapports, on verra quelles sont les personnes qui ont été jugées et condamnées au tribunal militaire.

Les deux premiers sont Jean Simon Golard (noir, et assassin de F. Laveaux, habitant) (1) Jean Jousseau (homme de couleur) ces deux hommes avoient formé le complot de s'emparer du grand fort, d'y égorger la garnison, d'enlever toutes les munitions, les armes, et d'as-

(1) J'observe que ce Laveaux n'a point été mon parent. Toute la procédure est en original à Paris entre les mains du général Pageot.

sassiner tous les blancs qui pouvoient être en ville sur les habitations de la dépendance.

Il y avoit un grand nombre de complices dans cet infâme projet, mais le Conseil de guerre ou tribunal militaire à cru prudent de s'arrêter à la punition des deux chefs.

Lisez les f°. 24, 25, 28, et 39, de mon mémoire et vous y verrez la vérité sur ces deux condamnés.

Quelque tems après, le Conseil de guerre condamna à mort deux François pris les armes à la main dans le poste Aimier, où ils commandoient pour les Espagnols, et où nous perdimes du monde. Voyez mon mémoire f°. 34,

Le nommé Belle-Isle, commandant à Bombarde, coupable de trahison, et convaincu de vouloir livrer cette paroisse aux Anglois, fut aussi condamné à mort par un Conseil de guerre. Voyez mon mémoire f°. 37.

Le 16 Fructidor l'an III, Larmuzier et Hardisson tous deux François et commandant un bâtiment anglois, furent pris par un de nos corsaires. Le premier fut reconnu pour avoir dénoncé plusieurs François alors prisoniers au Mole. Ce crime et celui de son êmigration le firent condamner à mort par un Conseil de guerre. Le second ayant au contraire rendu des services aux républicains fut mis en prison jusqu'à la paix. Voyez le f°. 40, de mon mémoire.

Gauthier (homme de couleur) qui avoit travaillé à la livraison de la ville de St.-Marc pour une somme de 1500 portugaises, en qualité de major d'une légion angloise, fut renvoyé par Risbann, général anglois, pour prendre possession des Gonaives; mais, fait prisonnier par Toussaint Louverture, il fut condamné à mort par un Conseil de guerre.

Ce traître avant de mourir a crié qu'il mouroit officier anglois. Voyez mon mémoire f°. 40.

Chadirac, décoré de la croix de St. Louis, commandant un poste anglois le long de l'Artibonite, où nous perdimes beaucoup de monde, fut pris les armes à la main, et condamné à mort par un Conseil de guerre. Cet émigré est mort en criant *vive le roi.* Voyez mon mémoire f°. 53.

Quincarnau, ancien officier au régiment de Flandres, (1) major de la légion que Desource commande au service des Anglois, fut pris les

---

(1) Il a déclaré avoir servi dans l'armée des princes émigrés.

armes à la main dans une action qui eut lieu entre les troupes de Toussaint Louverture, et cette légion. Quincarneau fut aussi condamné à mort par un Conseil de guerre. Voyez mon mémoire f°. 61.

Eh bien! cit. Vaublanc, voilà les hommes que le tribunal a condamnés à mort comme le lui ordonnoit la loi; voilà ce qui me fait appeler *un buveur de sang*.

Qui pourroit croire que c'est un législateur qui se permet ainsi de calomnier une homme d'honneur qui, dans toutes les circonstances, n'a ordonné que l'execution de la loi ou des autorités premieres? pour bien mériter du cit. Vaublanc il eut fallu, sans doute, accueillir ces François traîtres à la patrie; il eut été de la loyauté du gouverneur de St-Domingue d'accorder des récompenses et des places de confiance à ces émigrés qui, sous les bannières Espagnoles et Angloises, marchoient sur le territoire de la république Françoise, en égorgeant et ravageant tout ce qu'ils y trouvoient.

Tout le tems que j'ai commandé à St-Domingue, je n'ai point cherché des victimes, et le nombre des personnes à qui j'ai sauvé la vie est incalculable.

A Jean-Rabel, j'ai eu mon cheval tué sous

moi, par un boulet de canon que les Anglois et les émigrés m'ont tiré après avoir voulu arrêter la marche de ma colonne par une forte ambuscade. Ai-je exercé la rigueur des lois contre les 200 François, dont 30, grands propriétaires, pris dans le poste armés de douze pièces de canons?

Au Borgue, après avoir perdu 9 officiers et 200, hommes, ai-je exercé des vengeances sur les François qui nous y avoient combattus, quand les divers postes ont été enlevés? Non, j'ai fait grâce à tout ce que j'ai pris, et s'il est péri du monde au Vieux-Bourg, c'est le Suir, adjudant général, qui, commandant cette colonne, crut devoir exécuter la loi dans sa grande rigueur; car dès que j'en fus instruit, j'y courrus et j'y prononçai grace pour tout ce qui étoit dans le camp: le nombre de ceux qui furent sauvés est au moins de 70, habitans.

Je citerai encore les citoyens Pintis, Jean Gauthier, et Durand, tous trois condamnés à mort par un Conseil de guerre. En vertu de mon titre de gouverneur, je mis sur la sentence un surcis jusqu'à ce que le comité de salut Public eût prononcé. Ces trois hommes ont obtenu leur grâce.

Suivons la série des calomnies du citoyen Vaublanc.

Troisième calomnie de l'orateur Vaublanc.

A la page 20, de son discours il continue à dire : „ Laveaux qui écrivoit au comité de
„ Salut-Public, en Vendémiaire de l'an III,
„ une lettre dans laquelle il proposoit de dépor-
„ ter tous les blancs de la Colonie, de les
„ dépouiller de leurs propriétés, et de leur
„ donner en échange des biens nationaux
„ en France.

Qu'on lise mon rappport au Comité de Salut-Public, en date d'Avril 1794. (v. st.) on y verra quelles ont été mes propositions au sujet *des ennemis de la liberté générale.* On verra que j'ai proposé d'échanger, à ces hommes *contraires aux principes de la Colonie*, les biens qu'ils pouvoient avoir à St-Domingue, pour des propriétés territoriales en France, et qu'après l'échange proposé, s'ils aimoient mieux jouir de leurs biens dans la Colonie avec la liberté, *ils en seroient les maîtres.*

On y verra (ce que le cit. Vaublanc s'est bien gardé de dire dans son discours) que j'ai proposé au gouvernement de *rembourser tous les noirs à tous les propriétaires restés fideles à la république ;* que j'ai même donné le mode de ce remboursement. On y lira enfin que j'ai observé au gouvernement que cette récompense feroit le bonheur des propriétaires fidèles à la France, et la punition de tous ceux qui l'ont trahie.

Vous avouerez, citoyen Vaublanc, qu'il y a beaucoup d'habitans, et vous le premier, qui s'estimeroient très-heureux, et le seroient en effet, si le gouvernement eut pu mettre à exécution ces projets.

Finissons de parcourir ce catalogue des calomnies que vous avez construites contre moi.

Troisième calomnie du cit. Vaublanc.

Toujours à la même page 20 de votre discours, on reconnoit l'esprit de justice et de concorde qui vous anime, et on lit : " Laveau „ qui a remis à Santhonax un projet signé pour „ déporter tous les mulâtres ; projet rendu „ public par Santhonax lui-même, etc. etc.

Il me paroît bien étonnant que le cit. Vaublanc qui est un législateur de *grand génie*, soit forcé de lier la cause des hommes de couleur à celle des ennemis de la liberté, pour pouvoir réussir à détruire ma réputation ; il me paroît plus étonnant encore que ces colons se divisent, se déchirent, ou se réunissent et se caressent suivant les circonstances. Cette grande harmonie est en effet surprenante pour tous ceux qui, comme moi, connoissent la Colonie, et ont suivi le cours des révolutions et des intrigues qui s'y sont succédées. Mais rien n'est impossible à l'orateur Vaublanc, sinon de prouver tout ce qu'il avance contre moi dans son discours, et je le somme, *au nom de l'honneur*, de faire connoître le projet signé de moi, pour la déportation de tous les hommes de couleur.

Mon amour pour la vérité, le desir que j'ai de voir rétablir bientôt la Colonie, d'y voir régner l'union et la paix, me font dire tout haut que le gouvernement doit, à l'avenir, déporter de St-Domingue tous les hommes qui se montreront ennemis de la liberté générale ; je dis à toute la république que les Colonies sont perdues à jamais, si l'on touche aux principes sacrés qui les ont conservées, la liberté générale.

Que, les ennemis du décret du 16 pluviose, forment d'eux seuls des légions formidables pour le détruire à St-Domingue ; je leur prédis qu'ils y trouveront une mort certaine.

Enfin l'orateur Vaublanc termine ses invectives par dire : " Laveaux également abhorré „ des blancs et des hommes de couleur, etc.

Je conviens avec vous, citoyen Vaublanc, que les hommes qui veulent détruire notre constitution ne peuvent m'aimer, car ils savent tous que je la défendrai jusqu'à la mort, et que j'exécuterai ponctuellement les ordres du gouvernement.

Sous l'autorité première à St-Domingue, j'ai soutenu la loi du 4 avril : alors les hommes de couleur m'aimoient, me chérissoient, et beaucoup de blancs me détestoient. J'ai depuis fait exécuter le décret du 16 pluviose : cela m'a valu la haine de beauconp d'hommes des deux partis ; mais aussi les noirs m'ont dédommagé de ces injustices.

Jamais je ne composerai avec mes devoirs, et les lois de ma patrie seront sacrées pour moi.

Soyez désormais, cit. Vaublanc, animé des mêmes principes, n'abusez plus du caractère de représentant du peuple pour déchirer la réputatiou des vrais François républicains ; ne trompez plus le Corps législatif, et si vous ne voulez pas que je vous montre aux yeux de la France *comme un calomniateur*, apportez promptement les preuves matérielles de tout ce que vous avez lancé contre moi à la tribune, ou rétractez-vous aussi publiquement que vous m'avez calomnié ; l'honneur vous l'ordonne.

A Sirot, département de Saone et Loire, le 1 Messidor, an V de la Rép. franc. une et indiv.

ÉTIENNE LAVEAUX,

De l'imprimerie de J. F. SOBRY, rue du Bacq, passage Ste.-Marie N°. 149.

www.ingramcontent.com/pod-product-compliance
Ingram Content Group UK Ltd.
Pitfield, Milton Keynes, MK11 3LW, UK
UKHW020958230726
13923UKWH00007B/2341